Betke · Im Reich der Wichtel

Lotte Betke

Im Reich der Wichtel

Zeichnungen von Fritz Baumgarten

Loewe

Die Deutsche Bibliothek - CIP-Einheitsaufnahme

Betke, Lotte:
Im Reich der Wichtel / Lotte Betke
1. Aufl. - Bindlach: Loewe, 1992
ISBN 3-7855-2481-1

ISBN 3-7855-2481-1 - 1. Auflage 1992

Unter demselben Titel bereits 1952 im Loewes Verlag erschienen.
Umschlagillustration: Fritz Baumgarten
Satz: Fotosatz Knab, Lintach
Gesamtherstellung: Sebald Sachsendruck, Plauen
Printed in Germany

Inhalt

Purzels großer Tag

Das Wichteldorf auf der Lichtung des Farnwaldes lag noch in tiefer Ruhe, als der Kuckuck zu rufen anfing. Der Kuckuck hatte den Wichteln versprochen, sie rechtzeitig zu wecken, denn heute feierte der Fink seine Hochzeit. Dazu war das ganze Wichteldorf eingeladen. Kuckuck! Kuckuck!

Jetzt regte sich's in den Gräsern am Baumstumpf. Ein Wichtelweiblein schlüpfte hervor. Es war die Hullefrau, die mit ihrer Familie im Baumstumpf wohnte. Die Hullefrau hatte der Finkenbraut versprochen, ihr zum Hochzeitstag einen Eimer mit Tauwasser zum Waschen zu schicken. Nun lief sie zwischen den Grashalmen umher und fing Tautropfen um Tautropfen in ihrem Eimer aus Baumrinde auf.

Kuckuck! Kuckuck! Im Eingang des riesigen Fliegenpilzes

erschien Muffel, der Kräuterwichtel. Er hatte ein lahmes Bein und kam fast nie aus seinem Pilz heraus. Er machte ein griesgrämiges Gesicht.

„Hast du schlecht geschlafen, Muffel?“ fragte sein Nachbar Schnüffel, der eben aus seinem Erdloch lugte.

„Ich hatte einen bösen Traum heute nacht“, erwiderte Muffel, „mir träumte, ein Feuer hätte unser Dorf ergriffen. Das hat nichts Gutes zu bedeuten!“

Das sagt er bloß, weil er nicht mit zur Hochzeit kann, dachte Schnüffel und kroch schnell wieder in sein Loch zurück.

Kuckuck! Kuckuck! Jetzt erwachte auch Purzel unten im Baumstumpf. Purzel war der Hullefrau ihr Jüngster. Sofort setzte er sich in seinem Moosbett auf und schaute nach seinen Brüdern. Sie schliefen noch fest. Da war Purzel sehr stolz. Denn sonst waren seine Brüder immer schneller als er.

Kuckuck! Kuckuck! Jetzt regte sich's überall. Es hüpfte aus

Erdlöchern und schlüpfte unter Baumwurzeln hervor, Männlein und Weiblein. Das war ein Waschen und Putzen im frischen Tau! Jeder Wichtel wollte heute nur so blitzen vor Sauberkeit.

Eben kam die Hullefrau mit ihrem Eimer voll Tauwasser zum Baumstumpf zurück. Da sauste der Bäckerjunge mit seinem Schubkarren voll frischer Haselnußbrötchen um die Ecke. Er pfiff und sang. In Gedanken war er schon beim Hochzeitstanz. Er schmiß die Beine und fuhr mit seinem Schubkarren der Hullefrau vor den Bauch. Da fiel sie hin und der Eimer über sie. Brrr, wurde die Hullefrau naß! Im Nu war sie wieder auf den Beinen und gab dem Bäckerjungen eine Ohrfeige.

„Kannst du nicht aufpassen?“ schrie sie. „Nun ist der Eimer leer. Und gleich kommt der Star und will der Braut das Waschwasser bringen!“

Der Bäckerjunge rieb sich die Wange. Dann sammelte er schnell seine Haselnußbrötchen wieder ein. Die Hullefrau rief ihren Ältesten, den Hurzel, aus dem Baumstumpf. Jetzt mußte der den Eimer aufs neue füllen.

Was war das für ein Leben heute im Wichteldorf! Alle hatten es eilig, denn bald nahte die Stunde, wo die Vögel kommen sollten. Finkens wohnten ziemlich weit weg. Deshalb sollte das ganze Dorf zur Hochzeit fliegen, jeder Wichtel auf einem Vogelrücken.

Nur in einem Haus war es still: bei Muffel im Fliegenpilz. Muffel saß ganz allein. Immer wieder mußte er an seinen bösen Traum denken.

So still es im Fliegenpilz war, so unruhig ging es bei der Hullefamilie im Baumstumpf zu. Die beiden jüngeren Buben, Schnurzel und Purzel, zankten sich unaufhörlich, wervon ihnen auf Ruckediguck reiten durfte. Ruckediguck war eine Waldtaube. Sie hatte dem Hullevater versprochen, einen der Buben zur Hochzeit zu tragen. Die Wichtelbuben hatten Ruckediguck sehr lieb, deshalb wollte jeder gern mit ihr fliegen.

Solange die Hullemutter in der Nähe war, ging es ja noch mit der Zankerei.

Jetzt aber pochte es draußen an den Baumstumpf. Der Star war gekommen und wollte das Tauwasser für die Braut holen. Da mußte die Hullefrau die beiden Zankäpfel allein lassen. Zwar war der Hullevater auch noch da; aber er war so damit beschäftigt, seine Tischrede auswendig zu lernen, daß die Hullefrau nicht auf ihn rechnen konnte. Also ermahnte sie Schnurzel und Purzel:

„Macht euch nicht schmutzig. Paßt auf! Besonders du, Purzel, du bist so ein Tolpatsch! Denk daran, daß du dein Festtagskleid anhast!"

Kaum aber waren die beiden Wichtelbuben allein, als es auch schon losging. Purzel jagte Schnurzel hin, und Schnurzel jagte Purzel rückwärts über die Küchenschwelle. Purzel stolperte und setzte sich mitten auf die schöne Walderdbeertorte, die die Mutter auf einem Stuhl bereitgestellt hatte. Die wollte sie der Braut schenken.

Das war ein Schreck! Purzels helle Nesselhose war voll roter Erdbeerflecken. Und die Torte war auch verdorben. Da fing Purzel zu weinen an.

Inzwischen hatte die Hullefrau dem Star den Eimer mit den Tautropfen in den Schnabel gehängt, und er war damit fortgeflogen. Als sie mit Hurzel in den Baumstumpf zurückkam, erschrak sie über die zerdrückte Torte und rief nach Purzel und Schnurzel, doch die ließen sich nicht sehen. Zu

allem Unglück erscholl jetzt draußen auf der Lichtung ein Gebrause. Die Vögel kamen, um die Hochzeitsgäste abzuholen.

Die Hullemutter lief zum Hullevater und klagte ihm das Mißgeschick mit der Torte.

Da geriet der Hullevater in großen Zorn und rief: „Schnurzel, Purzel!"

Endlich kamen sie angekrochen. Aber wie sah Purzel aus! Als der Hullevater Purzels fleckige Hose sah, befahl er kurzerhand, daß Purzel zur Strafe für seinen Ungehorsam zu Hause bleiben sollte, und Purzel mußte zuschauen, wie die Eltern und Brüder fortgingen. Traurig schlich er hinaus und kletterte oben auf den Baumstumpf. War das ein prächtiger Anblick!

Auf der Lichtung des Farnwaldes sah es aus, als hätte je-

mand seinen Farbtopf umgeworfen. Da brüstete sich das Rotkehlchen, die Goldammer blinkte in der Sonne, die blauen Tauben, der grüne Zeisig, die braune Nachtigall, sie alle freuten sich und zwitscherten laut.

Die Wichtel hatten große Mühe, jeden an den richtigen Platz zu bringen. Der Wichtelwart, der den Verkehr auf der Lichtung regelte, mußte immer wieder die Buben herunterschubsen, wenn sie zu zweit auf einem Vogel saßen. Und die Wichtelmütter ermahnten die Kinder, sich ja schön im Gefieder festzuhalten.

Purzel mußte zuschauen, wie Schnurzel, der an seinem Unglück schuld war, auf Ruckedigucks Rücken stieg, und fing bitterlich zu weinen an. Als die Vögel ihre Flügel ausbreiteten und abflogen, hatte er die Augen so voller Tränen, daß er ihnen nicht einmal nachschauen konnte.

War das eine Stille auf der Lichtung! Kein Laut war zu hören, denn alle Vögel weit und breit waren fortgeflogen.

Nachdem Purzel eine Weile trübselig auf dem Baum-

stumpf gehockt hatte, fiel ihm plötzlich die Erdbeertorte ein. Eilig kletterte er von seinem Sitz herunter und schlüpfte in den Baumstumpf hinein. Da stand die zerdrückte Erdbeertorte noch auf dem Stuhl.

Ob sie schmeckt? dachte Purzel. Gerade wollte er sich ein Stück davon abschneiden, als ihm der lahme Muffel einfiel. Da packte er die Torte und lief damit zum Fliegenpilz.

Der alte Muffel traute seinen Augen nicht, als Purzel plötzlich mit der Torte vor seiner Tür stand. „Was tust du denn noch hier?“ fragte er unwirsch.

„Ich hab' hierbleiben müssen, weil ich die Erdbeertorte zerdrückt hab'. Aber sie schmeckt trotzdem, glaube ich. Und da dachte ich, weil du doch auch allein bist, könnten wir sie zusammen aufessen!“

„So, meinst du das?“ Muffels Stimme klang jetzt viel freundlicher. „Komm doch herein!“

Purzel durfte sich an den Tisch setzen, und Muffel holte aus seiner Kräuterapotheke goldgelben Honigseim. Wie der zu der Torte schmeckte! Eben schnitt Muffel das dritte Stück für Purzel ab, als dieser den Kopf hob. „Hörst du nichts, Muffel?“ Muffel lauschte.

„Brumm brumm, schrumm schrumm, die Räuber geh’n um!“, klang es unheimlich. Die beiden schauten sich erschrocken an.

„Meine Ahnung!“ rief Muffel. „Etwas Schlimmes ist im Anzug!“ Und so schnell er konnte, humpelte er hinaus. Purzel lief hinterher.

Kaum hatten sie die Tür geöffnet, als sie die Biene Goldfellchen erblickten. Sie taumelte um den Fliegenpilz herum. Noch ehe Muffel sie nach ihrem Begehr fragen konnte, fiel sie erschöpft vor ihm auf die Erde.

„Goldfellchen, um Gottes willen, was hast du?“ fragte Muffel.

„Die Räuber!“ hauchte Goldfellchen, „sie sind auf dem Weg zu euch!“

„Wie“, rief Muffel, „die großen Schwarzen?“

„Ja, die Waldameisen! Sie wissen, daß das ganze Dorf heut’ ausgeflogen ist zur Vogelhochzeit. Und nun ...“

„Und nun?“ fragte Purzel angstbebend.

„... nun wollen sie euer Dorf überfallen und eure Blattlauskühe stehlen, die euch so schönen, süßen Saft liefern!“

„Oh, was für ein Unglück!“ rief Muffel. Als er sah, daß Goldfellchen kaum noch sprechen konnte, fragte er: „Aber du, Goldfellchen, was fehlt dir?“

„Mir haben die Räuber ein Stück von meinem Bein abgebissen, als ich mich auf zwei ihrer Späher stürzte. Ich hatte sie belauscht. Daher weiß ich auch von ihrem schlimmen Plan.“

„Sind sie schon in der Nähe?“ fragte Purzel zitternd.

„Nein, sie sind noch ziemlich weit entfernt. Ich bin sehr schnell geflogen, um euch Bescheid zu sagen. Ihr - müßt - Hilfe -" Goldfellchens Stimme versagte. Vornüber fiel sie ins Gras.

„Ist sie tot?" schrie Purzel.

„Ich glaube, sie ist ohnmächtig", antwortete Muffel. „Ich will schnell meine Spinnwebleinwand holen und ihre Wunde verbinden", und schon humpelte er ins Haus.

Kaum war er wieder zurück, rief Purzel: „Muffel, was sollen wir tun?"

Muffel schaute ihn bedeutsam an. „Wer weiß, vielleicht war es unser aller Glück, Purzel, daß du heut' hast hierbleiben müssen."

Purzel blickte Muffel fragend an. „Wie meinst du das?"

„Ich meine, daß du die Unseren heimholen mußt. Und unsere Freunde, die Vögel, dazu!"

„Aber der Weg ist weit! Bis ich bei Finkens bin, sind die Räuber hier."

„Du mußt fliegen, Junge.“ Muffel hatte inzwischen Goldfellchens Wunde verbunden und bettete das Bein auf ein weiches Moospolster.

„Aber alle Vögel sind doch auf der Hochzeit!“

„Dann muß dich das Eichhörnchen hinbringen.“

„Ob das Eichhörnchen das tut?“

„Gewiß“, erwiderte Muffel, „ich kenne das Eichhörnchen. Es ist manchmal recht launisch, aber im Grunde gutmütig. Ich habe ihm einmal Kräutertee gekocht, als es sich mit Beeren den Magen verdorben hatte. Daran kannst du es ruhig erinnern.“

Purzel wollte etwas entgegnen, aber Muffel schob ihn sanft auf den Farnwald zu. „Du mußt dich beeilen, Junge. Du tust etwas für das ganze Dorf. Das wird dir Mut und Kraft geben!“

Wirklich fühlte Purzel in diesem Augenblick, wie seine Brust sich hob. Er, der ungeschickteste von seinen Brüdern, sollte eine große Aufgabe vollbringen! Schnell drückte er Muffel noch einmal die Hand, dann lief er über die Lichtung.

„Sei vorsichtig, daß du den Spähern der Räuber nicht begegnest!“ rief Muffel hinter ihm her.

Purzel schüttelte den Kopf. Noch einmal warf er den Blick zurück, auf Muffel, auf den elterlichen Baumstumpf, auf das heimelige Wichteldorf. Dann betrat er klopfenden Herzens den Farnwald.

Knubs, das Eichhörnchen

Purzel stapfte eilig durch den Farnwald. Er war in seinen Gedanken ganz mit der schlimmen Nachricht beschäftigt. Ein Überfall auf das Wichteldorf! Hoffentlich war Knubs zu Hause!

Plötzlich durchfuhr ihn ein Schreck: Er kannte ja gar nicht den Weg zum Nest des Eichhörnchens! Er wußte nur, daß Knubs im Riesentannenwald wohnte. Aber wie sollte er dort hinfinden?

Wie er so stand und nachdachte, hörte er es auf einmal rascheln. Hurtig kletterte er auf einen Farnstamm und lugte vorsichtig zwischen den Rispen hindurch nach unten. Da sah er, wie sich langsam ein dünnes, schwarzes Bein zwischen den Gräsern hervortastete.

Ein Ameisenspäher! durchfuhr es Purzel. Jetzt schob sich ein schwarzes Köpfchen nach und – ein roter Rücken mit sieben schwarzen Punkten darauf. Kaum hatte Purzel die erblickt, als er den Farnstamm hinunterrutschte, dem erschrockenen Marienkäfer genau vor die Füße.

„Pünktchen!“ schrie Purzel und warf vor Freude seine Mütze in die Luft. „Wie gut, daß du es bist! Und ich dachte schon, du seist einer von den großen Schwarzen!“

Pünktchen zitterte vor Schreck am ganzen Leib. „Einen so zu überfallen!“ lispelte es und spreizte empört seine Flügel, um fortzufliegen.

Purzel stand ganz verdattert da.

„Pünktchen, du darfst nicht wegfliegen!“ rief er. „Erst mußt du mir sagen, wo Knubs wohnt.“

Aber Pünktchen hörte nicht auf ihn. Beleidigt, mit hocherhobener Nase, wollte es an ihm vorbeischwirren. Da pack-

te Purzel es kurz entschlossen am linken Hinterbein. „Willst du wohl loslassen!" schrie Pünktchen.

Aber Purzel hielt fest. „Wenn du mir nicht hilfst, ist Wichtelhausen verloren." Purzels Stimme klang so verzweifelt, daß das Marienkäferchen aufhorchte.

„Gut", sagte es, „ich helfe dir. Aber laß mich los!" Da ließ Purzel das Bein fahren. Pünktchen setzte sich neben ihn, und nun konnte Purzel erzählen.

„Diese Bösewichter!" rief Pünktchen. „Es ist klar, wenn ihr in solcher Not seid, muß ich euch helfen. Komm, Purzel, ich zeige dir den Weg. Wir dürfen keine Zeit verlieren. Auf, zu Knubs!" Damit breitete es seine Flügel aus und flog langsam voran.

Purzel konnte kaum nachkommen. Er mußte immer nach oben schauen, um Pünktchen nicht aus den Augen zu verlieren. Pardauz! lag er auf der Nase. Rasch sprang er wieder auf die Beine, rieb sich die Nase und schaute nach Pünktchen aus.

Nicht weit entfernt saß es auf einem hohen Grashalm. Als Purzel angelaufen kam, ließ es sich neben ihm nieder und zerrte ihn in den dichten Mooswald hinein.

„Wir müssen uns verstecken, Purzel!" flüsterte es.

Purzel krabbelte tief ins Moos hinein, neben ihm versteckte sich auch Pünktchen.

„Sind die Schwarzen schon da?“ fragte Purzel.

Pünktchen nickte. „Sechs große Ameisen schleichen die Bachrinne herauf! Ich habe sie vom Grashalm aus gesehen.“

„Das sind die Späher!“ Purzel zitterte vor Erregung. „Komm, Pünktchen, wir wollen auf sie los.“

„Hiergeblieben!“ Pünktchen hielt ihn fest. „Wir haben doch keine Waffen, sie aber haben gefährliche Zangen.“

Nach einer Weile krochen beide aus ihrem Versteck und streckten vorsichtig die Köpfe über die dicken Mooskissen. Es war alles still. Nichts regte sich. Von den Ameisen war nichts mehr zu sehen.

Pünktchen breitete seine Flügel aus und flog aufs neue vor Purzel her. Endlich gelangten sie in den Riesentannenwald, wo Knubs wohnte. Bei einer großen Tanne ließ Pünktchen sich nieder.

„Schau einmal da hinauf!“ sagte Pünktchen. „Was siehst du?“

„Hoch oben in den Zweigen sehe ich so etwas wie ein braunes Körbchen“, antwortete Purzel.

„Das ist Knubs’ Wohnung. Ich fliege jetzt zu ihm hinauf und sage ihm, daß du ihn sprechen willst.“

Als er so dastand, hörte Purzel eine Stimme: „Wo steckt er denn?“, und plötzlich kitzelte ihn etwas an der Nase. „Hatschi!“ Purzel mußte niesen.

Als er in die Höhe schaute, saß dicht über ihm auf dem äußersten Ende eines Zweiges Knubs, das Eichhörnchen. Es schaukelte vergnügt auf dem Zweig und keckerte lustig. Jedesmal, wenn der Zweig den Boden berührte, wedelte es Purzel mit dem Schwanzende übers Gesicht.

„Du, laß den Unfug“, rief Purzel, „ich habe keine Lust zu Späßen!“

„Wieso, was gibt’s denn?“ Knubs saß jetzt aufrecht und knabberte an einer Eichel, die er zierlich zwischen seinen beiden Pfoten hielt.

„Die Ameisen wollen unser Dorf überfallen!“ rief Purzel. „Muffel schickt mich, du möchtest mich schnell zur Finkenhochzeit bringen, damit ich unsere Leute zurückhole.“

Er hatte noch nicht ausgesprochen, als Knubs schon den Ast entlang rannte, wie ein Blitz den Stamm herunterschoß und sich dicht neben Purzel hinkauerte.

„Setz dich auf meinen Rücken“, rief er, „aber halte dich ja in meinen Haaren fest, und schmiege dich an mich, sonst streifen dich die Äste herunter, und du fällst in die Tiefe.“

Purzel wußte nicht, wie ihm geschah. Kaum war er auf Knubs’ Rücken gekrabbelt und hatte sich am Fell festgehalten, als die Reise auch schon hoch in den Baum hinaufging. Er konnte gerade noch das Marienkäferchen als rotes Pünktchen auf dem Waldboden erkennen, da gab es einen gewaltigen Ruck, und er flog auf Knubs' Rücken hoch durch die Luft.

Hui, war das eine wilde Jagd, von Ast zu Ast, von Baum zu Baum!

Anfangs gefiel es Purzel sehr. Die grünen, schweren Tannenzweige sausten ihm nur so an den Ohren vorbei. Aber bald wurde ihm von den vielen Sprüngen schwindlig. Es flirrte ihm vor den Augen, und er drückte seinen Kopf tief in das Fell.

Dabei streckte er sein kleines Hinterteil zu weit in die Luft; denn plötzlich baumelte er kopfüber hoch in der Luft an einem Ast. Ein kleiner spitzer Ast war ihm durch seine Hose gefahren und hatte ihn aufgespießt.

„Knubs!“ schrie er, „Knubs, hilf mir, ich falle!“

„Habe ich dir nicht gleich gesagt, du sollst dich fest an mich schmiegen!“ antwortete Knubs, saß aber schon im nächsten Augenblick auf einem Ast dicht unter Purzel und rief ihm zu: „Los, zappele tüchtig, damit du herunterfällst. Ich fange dich auf!“

„Aber meine Hose!“ jammerte Purzel.

„Ach was, Hose, die ist sowieso zerrissen. Schnell, gib dir einen Ruck!“ Purzel holte tief Atem, dann strampelte er mit aller Kraft und fiel auf Knubs' ausgestreckten Schwanz. Rasch hielt er sich in den Haaren fest und krabbelte über den

Schwanz, bis er wieder auf dem Rücken saß. Nun konnte die wilde Jagd weitergehen.

Inzwischen war die Vogelhochzeit in vollem Gang. Der dicke Dompfaff hatte die Brautleute getraut. Eben begab man sich zu Tische. Auf dem grünen Rasen unter dem

Baum, in dem das junge Paar wohnen wollte, lag ein kostbares Tuch ausgebreitet. Die Spinnen der ganzen Gegend hatten es in sieben mal sieben Tagen gewebt. Auf dem Tuch standen in kleinen Eichelbechern die herrlichsten Speisen.

Eben wollte der Hullevater seine große Tischrede auf das Brautpaar halten, als die Hullefrau einen lauten Schrei ausstieß. Alles wandte sich ihr zu. Mit weitaufgerissenen Augen starrte sie in die Höhe.

Als die anderen ihrem Blick folgten, sahen sie, wie Knubs mit Purzel auf dem Rücken von Baum zu Baum jagte.

„Junge“, schrie die Hullefrau, „du brichst dir ja Hals und Bein!“

Der Hullevater aber wurde sehr zornig. Er glaubte, daß Purzel einfach von zu Hause ausgerissen sei, um nun doch an der Hochzeit teilzunehmen.

Geschickt sprang Knubs von Ast zu Ast immer tiefer und erreichte wohlbehalten mit Purzel die Waldwiese. Am Ende der langen Hochzeitstafel angelangt, rutschte Purzel mit seiner zerrissenen Hose von Knubs’ Rücken hinunter und stand zerzaust und noch ganz benommen von dem wilden Ritt vor seinem Vater. Der gab ihm eine schallende Ohrfeige.

Purzel war sprachlos. Tränen traten ihm aus den Augen und kullerten über die Backen.

„Das ist mir ein Empfang!“ rief Knubs. „Wir jagen uns ab, um euch noch rechtzeitig Nachricht zu geben, und ihr – –“

„Wie? Was für eine Nachricht?“ Erregt umdrängten die Wichtel den kleinen Purzel. „Junge, so rede doch!“

Purzel rieb sich die Backe. „Die schwarzen Räuber sind auf dem Weg, unser Dorf zu überfallen!“ sagte er.

„Die Räuber? Die großen Schwarzen?“ erscholl es wie ein Schreckensruf in der Runde.

„Ist das wahr?“ Brazzel, der Wichtelälteste, war vor Purzel hingetreten.

„Freilich ist es wahr!“ rief Purzel. „Ich weiß es von Goldfellchen, und ich hab’ ja auch selbst ihre Späher gesehen.“

Das ganze Wichtelvolk geriet außer Rand und Band. Die Wichtelweiblein rannten kopflos umher und suchten ihre Kinder. Die Wichtelmänner ballten die Fäuste und schimpften. Vor Aufregung stießen die Kinder die Speisen um. Die Vögel pfiffen und flöteten, man hörte seine eigene Stimme nicht. Es war ein unbeschreiblicher Lärm.

„Ruhe!“ donnerte Brazzel, „R u h e !“ Langsam legte sich der Lärm. Brazzel wandte sich an die Vögel: „Freunde, seid ihr bereit, uns zu helfen?“

„Ja!“ pfiffen alle.

„Gut“, rief Brazzel, „dann hört mir zu!“

Damit ihn jeder sehen konnte, kletterte er auf einen hohen Baumstumpf. Dankbar schaute das Wichtelvolk zu ihm auf. Ruhig stand Brazzel da und erhob seine Stimme: „Liebe Freunde, ein schnöder Überfall auf unser Dorf stört die

Hochzeit. Nehmt es nicht übel, wenn wir sofort aufbrechen. Wir müssen dem Überfall zuvorkommen und unser Dorf retten. Wenn ihr uns helft, kann es noch gelingen."

Zunächst schickte er Späher aus. Sie sollten erkunden, wo die Räuber waren. Dann befahl er, die Männer sollten vorausfliegen und die Frauen mit den Kindern nachkommen. Ein Teil der Wichtelmänner sollte auf schnell fliegenden Vögeln einen Umweg machen, um den Gegner von der anderen Seite abzuwehren. Kurz, er dachte an alles.

Auf einem Kuckuck brauste der Hullevater davon. Die Hullefrau ermahnte ihre Buben, besonders aber Purzel, vorsichtig zu sein. Die Finkenbraut weinte über das verdorbene Tischtuch und die gestörte Hochzeit, dann aber biß sie tapfer den Schnabel zusammen und flog mit der Hullefrau auf dem Rücken davon. Die Wichtelmänner waren schon vorausgeflogen.

Nur Purzel lief von Vogel zu Vogel, aber es waren schon alle besetzt. Immer weniger Wichtel blieben zurück. Zuletzt waren nur noch Brazzel, der zur Nachhut gehörte, und Knubs zu sehen. Brazzel dankte Knubs für die große Hilfe, die er dem Wichtelvolk geleistet hatte, stieg auf einen Raben und flog als letzter den anderen nach. Sein weißer Bart wehte hinter ihm her, dann war alles still auf der Waldwiese.

Da saß nun Purzel wieder allein. In der allgemeinen Aufregung hatte man ihn übersehen, und er wollte doch auch gerne dabeisein, wenn die Räuber verjagt würden. Zum Unglück war auch Knubs verschwunden. Traurig setzte er sich ins Gras und überlegte, was er nun tun sollte. Für alle Mühe hatte er nichts bekommen als eine Ohrfeige.

Wie er so dasaß und an seiner Backe rieb, rauschte es über ihm im Baum, und Ruckediguck flog zu ihm herunter.

Purzel glaubte, er träume. „Ruckediguck, wo kommst du denn her?"

„Frag sie, frag sie!" gurrte Ruckediguck und trippelte um Purzel herum. Auf ihrem Rücken saß Witschi, ein kleines Mädchen aus Wichtelhausen. Witschi lächelte ihm zu, glitt von der Taube hinunter und setzte sich neben Purzel.

„Ich habe alles mit angehört", flüsterte Witschi. „Und ich habe auf dich gewartet. Wollen wir zusammen fliegen, Purzel?"

„Ob ich will?" Purzel konnte sein Glück nicht fassen. Er sprang auf und streichelte Ruckediguck zärtlich. „Kannst du uns auch beide tragen, Ruckediguck?" Die Taube nickte. Witschi strich Purzel sanft über die Wange und sagte: „Du bist ein Held, Purzel, wenn du auch eine Ohrfeige bekommen hast."

Aber Purzel schämte sich. Seine zerrissene Hose war ihm eingefallen. Er drehte sich so, daß Witschi ihn nicht von hinten zu sehen bekam, und sagte, sie möge nur aufsitzen.

„Wohin fliegen wir?" fragte Ruckediguck. „Soll ich euch zur Bachrinne bringen? Dort wollen die Wichtel den Räubern auflauern."

Purzel dachte an den lahmen Muffel, der allein in Wichtelhausen und vielleicht in großer Gefahr war.

„Nach Wichtelhausen!“ rief er und kletterte auf Ruckedigucks Rücken, um sich hinter Witschi zu setzen.

Da breitete die Taube ihre Flügel aus und trug Purzel und Witschi hoch in die Luft empor.

Die Räuber kommen!

Kaum war Purzel in dem dichten Farnwald verschwunden, als Muffel auch schon von einer Behausung zur anderen humpelte und alle Honigtöpfe der Wichtel einsammelte. Er hatte viel zu laufen, weil die Wichtel ihre Vorräte gerade erst wieder aufgefüllt hatten; denn sie aßen alle sehr gern Honig.

Als Muffel die vielen Töpfe zu seinem Pilzhaus getragen hatte, schnaufte er erst ein bißchen aus. Dann fing er an, den Honig rund um den Fliegenpilz herum auszugießen, bis das Pilzhaus von einem breiten, klebrigen Honiggürtel umgeben war. Die vielen Töpfe baute er dann innerhalb des Gürtels nebeneinander als schützende Mauer in sechs Schichten in die Höhe. Nachdem diese schwere Arbeit beendet war, machte er über einem Reisigfeuer Wasser heiß, um sich die klebrigen Hände zu waschen.

Goldfellchen war inzwischen wieder zu sich gekommen. Es schaute schon eine Weile verwundert dem geschäftigen Treiben des alten Muffel zu.

„Was hast du denn da rings um den Pilz herum aufgebaut, Muffel?“ fragte es.

„Den alten Muffel sollen die Räuber nicht so leicht bekommen, wenn sie angreifen. Jetzt müssen sie erst das Hindernis übersteigen, das wird ihnen nicht so leicht fallen!“

„Du bist aber schlau, Muffel!" jubelte Goldfellchen, das auf den Fliegenpilz geflogen war und sich von oben herab Muffels Arbeit betrachtete. „Ich fliege jetzt ein bißchen herum und schaue, ob die Räuber in der Nähe sind. Ich fühle mich wieder ganz kräftig." Kaum aber war Goldfellchen fortgeflogen, kam es schon wieder in aller Eile zurück und rief von weitem: „Sie kommen, Muffel, sie kommen! Eine Schar der großen schwarzen Räuber kommt vom Walde her auf die Lichtung zu. Gleich müssen sie im Dorf sein!"

Der alte Muffel schüttelte sorgenvoll den Kopf. „Dann hat Purzel die Unseren wohl nicht gefunden. Er hätte uns sonst Hilfe geschickt. Goldfellchen, du bist noch so jung! Mach, daß du nach Hause kommst in deinen Bienenkorb!"

„Ich soll dich verlassen, Muffel? Du vergißt, daß ich zu dem tapferen Volk der Bienen gehöre!" rief Goldfellchen entrüstet und zeigte kampflustig seinen Stachel. „Was glaubst du wohl, was meine Kameradinnen, die Arbeitsbienen, sagen würden, wenn ich einen Freund unseres Volkes in der Not verlassen hätte? Und erst meine Königin? Verstoßen würde sie mich!"

Während Goldfellchen mit Muffel sprach, hatten die Schwarzen das Dorf erreicht und liefen nun nach allen Richtungen auseinander. In jeden Baumstumpf, in jedes Erdloch, in jeden Pilz brachen sie ein.

Als sie merkten, daß ganz Wichtelhausen verlassen dalag, kamen sie wieder zusammen. Vor Freude, daß ihr böser Anschlag gelungen schien, rieben sie ihre harten, blanken Köpfe mit den großen Zangen aneinander.

Allein, sie freuten sich zu früh, denn jetzt entdeckte einer von ihnen den Rauch bei Muffels Pilz. Sofort teilte sich die Schar. Die eine Hälfte zog zur Buchenhecke, um die Blattlauskühe wegzutreiben, die den Wichteln den süßen Saft für ihre Limonade spendeten. Die andere Hälfte aber marschierte eilends dem Fliegenpilz zu.

„Jetzt sind die ersten am Honiggürtel, Muffel", rief Goldfellchen aufgeregt.

Einige der Schwarzen waren vorangestürmt. Schon klebten sie mit ihren Vorderbeinen in dem Honig fest. Vergeblich bemühten sie sich, wieder freizukommen. Die anderen stutzten, dann streckten sie die Köpfe zusammen und liefen auseinander, um gleich darauf mit Tannennadeln und kleinen Rindenteilchen wieder zurückzukommen. Jetzt fingen sie an, damit eine Brücke über den Honigbach zu bauen. Das war eine mühselige Arbeit. Aber sie kamen doch langsam vorwärts.

Nach einiger Zeit versuchte der erste, die Notbrücke zu überschreiten. Er war aber noch nicht bis zur Mitte gegangen, da gab ein Rindenteilchen nach, und der Bösewicht rutschte in den Honigbrei. Da half kein Ziehen und Zap-

peln. Immer tiefer sank er unter. So ging es auch den nächsten. Aber immer neue Feinde drängten nach und besserten die Brücke aus, bis der erste schließlich das andere Ufer des Honigbaches erreichte.

„O je, Muffel!“ rief Goldfellchen auf seinem Pilzdach. „Der erste ist über den Bach, und die anderen kommen nach!“

„Nur Mut, Goldfellchen“, beruhigte es der tapfere Muffel.

„Jetzt müssen sie erst noch die klebrige Wand der Töpfe ersteigen, und das wird ihnen nicht so leicht gelingen."

In ihrem Zorn liefen die Schwarzen vor der Wand hin und her. Sie konnten die klebrigen Stellen an den Topfwänden nicht überschreiten. Schon hingen wieder einige an dem Ho-

nig fest und mühten sich vergebens, loszukommen. Doch bald fanden die Räuber auch hier Rat. Sie schleppten breite Grashalme und Blätter über die Brücke heran. Vorsichtig klebten sie Stückchen für Stückchen an die Wände. Langsam bauten sie sich einen Weg, der sie immer höher und höher steigen ließ.

Darüber verging viel Zeit. Goldfellchen und Muffel verfolgten mit banger Sorge die unermüdliche Arbeit der Feinde. Von Minute zu Minute wurde die Gefahr für sie größer. Die Wichtelbrüder kamen und kamen nicht. Wiederholt war Goldfellchen aufgeflogen, um Umschau nach ihnen zu halten. Weit konnte es ja nicht wegfliegen, weil es den alten Muffel nicht allein lassen wollte.

„Der erste Räuber hat den obersten Topfrand erstiegen", rief Goldfellchen plötzlich. „Jetzt werden sie gleich über uns herfallen."

Der Vorwitzige, der die Höhe als erster erstiegen hatte, klebte aber schon fest und konnte nicht weiter. Jedoch die anderen drängten nach, stiegen über ihn weg und bauten ihren Weg weiter fort.

Jetzt trug Muffel Reisig herbei und legte es an die Wand, wo die Feinde herkommen mußten. Goldfellchen sah zu. Wie gerne hätte es geholfen. Aber seine Kräfte reichten nicht aus.

„Jetzt will der erste an der Wand hinunter, Muffel, siehst du ihn?" rief Goldfellchen.

„Das wird ihm bald vergehen", beruhigte Muffel Goldfellchen und zündete den Reisighaufen an.

Ein Flämmchen leuchtete auf, wurde größer und immer größer. Jetzt stieg Rauch hoch.

Die Feinde stutzten, der Rauch brannte ihnen in den Augen. Eilends drängten sie zurück.

„Muffel, das hast du fein gemacht“, rief Goldfellchen, allein die Freude schlug in jähen Schrecken um, als es gewahrte, daß auf der anderen Seite des Pilzes die Feinde schon beinahe die Innenseite der Töpfe herabgestiegen waren. „Muffel“, schrie es, „dort hinten sind die Feinde eingebrochen!“

Muffel sprang auf die andere Seite. Schnell suchte er an der Stelle Reisig aufzuschichten, um auch hier die Feinde abzuwehren. Aber so sehr er sich auch beeilte, die Schwarzen kamen immer näher. Ehe noch genügend Reisig aufgeschichtet war, erreichte der erste Räuber den Boden. Jetzt griff Goldfellchen einen Räuber nach dem anderen an.

Aber es waren so viele, daß Goldfellchen ihrer

schließlich nicht mehr Herr wurde. Von allen Seiten stürmten die Räuber jetzt auf Muffel ein, und Goldfellchen sah, wie er auf die Erde fiel.

Da, in höchster Not, vernahm er ein Rauschen in der Luft. Zwei Vögel kamen geflogen und ließen sich zu ihnen hernieder. Es waren Ruckediguck, mit Purzel und Witschi auf dem Rücken, und Pit, der Specht. Pit hatte sich auf seinem Weg zur Vogelhochzeit verspätet und war Ruckediguck unterwegs begegnet. Die hatte ihn gleich nach Wichtelhausen mitgenommen.

Beim Anblick der beiden großen Vögel fuhren die Räuber auseinander. Purzel sprang von Ruckedigucks Rücken, ergriff einen Stecken und schlug um sich, Ruckediguck und Pit hackten mit ihren Schnäbeln drauflos, und bald war der Platz um den Pilz herum von den Räubern befreit. Jetzt erst fand Purzel Zeit, seinen Freund Muffel zu begrüßen.

„Du bist gerade noch zur rechten Zeit gekommen, mein Junge“, sagte Muffel. Er wischte sich den Schweiß von der Stirn und schüttelte Purzel die Hand.

Purzel mußte ihm nun all seine Abenteuer erzählen. Als Muffel erfuhr, daß Brazzel mit dem ganzen Wichtelvolk zur Bachrinne geflogen sei, schüttelte er den Kopf.

„So was!“ rief er, „da sitzt Brazzel in der Bachrinne, und hier haben die Räuber schon einen Teil unserer Blattlauskühe weggetrieben.“

Als Purzel das hörte, fuhr er in die Höhe. „Wohin haben die Räuber sie geschleppt?“ fragte er.

„Zum Buchengrund!“ erwiderte Goldfellchen. „Ich habe es genau gesehen.“

„Auf zum Buchengrund!“ rief Purzel und schwang sich wieder auf Ruckedigucks Rücken. Als er sich nach Witschi umschaute, sah er, daß sie traurig war, weil er ohne sie fortfliegen wollte. Purzel hätte sie ja gerne mitgenommen; aber er dachte an den lahmen Muffel und sagte: „Ich komme bald wieder, Witschi! Willst du inzwischen mit Pit bei Muffel Wache halten?“

Das wollte Witschi gern, und als Purzel mit Ruckediguck davonflog, winkte sie ihm nach. Purzel wäre beinahe von Ruckedigucks Rücken hinuntergefallen, weil er sich allzuweit herumdrehte, um zurückzuwinken.

Ruckediguck flog durch den Wald. Plötzlich fühlte sie, wie Purzel sie heftig an den Federn zog. Sofort ließ sich die Taube auf einem Ast nieder.

„Was ist denn das?“ raunte Purzel.

Unter ihnen auf dem Waldboden kroch es dahin wie ein grüner Wurm. Ruckediguck flog zwei Äste tiefer. Da sahen sie, daß die Räuber die Blattlauskühe alle auf einen Teppich

aus Blättern zusammengetrieben hatten. Den schleppten sie nun mit ihren Zangen davon.

„Na wartet, euch werden wir das Handwerk legen!“ Ungeduldig drückte Purzel seine Füße in Ruckedigucks Seiten, und sie fuhren wie ein Unwetter mitten in den Räuberhaufen.

Die Ameisen waren durch den plötzlichen Überfall so erschreckt, daß sie alles liegenließen und die Flucht ergriffen.

„Laß uns schnell die Blattlauskühe retten, ehe die Räuber wiederkommen!“ rief Purzel. „Ruckediguck, bring die Blätter zurück nach Wichtelhausen, ich warte hier, bis du das letzte Blatt geholt hast.“

Das Täubchen konnte nur zwei Blätter auf einmal tragen, doch Purzel wußte Rat.

„Schau, da oben in der Buche ist ein leeres Vogelnest. Trage die Blätter, die du nicht mitnehmen kannst, da hinauf“, rief er, und die Taube machte sich gleich an die Arbeit.

Als Ruckediguck das letzte Blatt holte, kletterte Purzel auf ihren Rücken und flog mit zum Nest hinauf. Dort stieg er ab, denn er wollte bei den Blattlauskühen Wache halten. Ruckediguck flog noch einmal hinunter, nahm die letzten beiden Blätter, die noch am Boden lagen, in den Schnabel und flog damit nach Wichtelhausen.

Ruckediguck ließ auf sich warten. Da wollte Purzel mal sehen, ob die Räuber noch in der Nähe waren. Er beugte sich über den Nestrand, konnte aber nicht darüber hinunter in die Tiefe schauen. Er kletterte weiter vor, das Nestgeflecht

gab nach, und Purzel stürzte mit einem Aufschrei in die Tiefe. Zum Glück fiel er in das weiche Moos, aber er verlor die Besinnung.

Als er erwachte, hörte er die Schwarzen schreien:

„Jetzt haben wir ihn! Er ist schuld, daß unser Anschlag mißlang. Auf, schleppt ihn in den schwarzen Berg! Schleppt ihn vor unsere Königin!“ Und sie nahmen den armen Purzel, zwickten und zwackten ihn und zerrten ihn mit sich. Er mochte nach Ruckediguck und nach Witschi rufen, soviel er wollte, es hörte ihn niemand.

Unterdessen hatten Brazzel und sein Volk die Räuber über die Bachrinne zurückgedrängt und in die Flucht geschlagen. Wichtelhausen war gerettet. Schon kamen die ersten Vögel, vergnügt pfeifend, mit den Wichteln zurückgeflogen. Überall herrschte Lachen und Jubel, und der wackere Muffel wurde freudig umarmt. Als er aber erzählte, in welcher Gefahr er geschwebt und daß Purzel ihn daraus gerettet hatte, nahm der Jubel kein Ende. Alle wollten Purzel die Hand schütteln.

Brazzel stieg auf einen Baumstumpf und rief: „Purzel, mein Junge, komm her! Du sollst für deinen Mut belohnt werden!“

„Purzel ist schon wieder über alle Berge!“ rief Muffel. „Mit Ruckediguck ist er hinter den Räubern hergeflogen, die unsere Blattlauskühe weggetrieben haben.“

„Ja, und Purzel hat die Räuber auch schon erwischt und ihnen die Blattläuse wieder abgejagt“, fiel Witschi ihm ins Wort.

„Aber wo ist er denn jetzt?“ fragte die Hullefrau besorgt.

„Er sitzt im Wald in einem Nest und wartet auf Ruckediguck“, antwortete Witschi. „Dreimal ist Ruckediguck schon hier gewesen und hat einen Teil der Blattlauskühe zurückgebracht. Jetzt ist sie wieder zu Purzel zurückgeflogen und müßte jeden Augenblick kommen!"

Witschi schaute in die Richtung, aus der Ruckediguck kommen mußte.

Der Hullefrau war bei diesen Worten nicht wohl. Sie wußte, was für ein Tolpatsch ihr Purzel war. Sie hatte ihn schon an der Bachrinne vergeblich gesucht; aber da war ein solches Gewühl gewesen, daß man nicht so leicht jemanden finden konnte. - Wenn nur erst der Junge heil und gesund wieder da wäre!

Da rauschte es in der Luft, Ruckediguck kam angeflogen! Wohl trug sie ein Blatt mit Blattlauskühen im Schnabel; aber ihr Rücken war leer!

„Purzel, wo ist Purzel?" rief die Hullefrau und stürzte zu Ruckediguck, die sich neben Brazzels Baumstumpf niedergelassen hatte.

Die Taube senkte den Kopf. „Ich weiß es nicht!" gluckste sie traurig. „Purzel saß nicht mehr im Nest, wo er auf mich warten sollte. Ich habe ihn überall gesucht, aber nicht gefunden."

Da weinte die Hullefrau, und Witschi fing an zu schluchzen.

Auch der Hullevater schaute sorgenvoll zum Himmel, denn schon senkte sich die Dämmerung über die Wipfel des Farnwaldes. Wo mochte sein Junge umherirren?

Das Wichtelvolk scharte sich näher um den Baumstumpf, wo Brazzel stand. Wie immer wußte er Rat.

„Holt eure Laternen!" rief er, „wir wollen ausziehen und Purzel suchen!" Sofort huschten die Wichtel auseinander, der eine in seinen Pilz, der andere in sein Erdloch, um Laternen herbeizuholen. Als auch die Wichtelkinder mit ihren Laternchen zurückkamen, wurden sie von Brazzel wieder nach Hause geschickt.

„Was wollt ihr denn nachts im Walde?“ rief er. „Sollen noch mehr Kinder verlorengehen? Macht, daß ihr in eure Moosbetten kommt!“

Die Wichtelmütter nahmen ihre Kinder bei der Hand und brachten sie zur Ruhe.

Die Wichtelmänner aber sammelten sich mit ihren Laternen um Brazzel. Nachdem er überall Wachen aufgestellt hatte, schritten die Wichtel in den Wald hinein.

In Wichtelhausen verstummte der Lärm. Es war ein schwerer Tag gewesen, und bald lagen alle Wichtelkinder mit heißen Schlafbacken auf ihren grünen Mooskissen. Nur zwei in ganz Wichtelhausen konnten nicht schlafen: die Hullefrau und Witschi.

Witschi wohnte mit ihrer Großmutter zwischen zwei Steinpilzen. Die hintere Wand ihrer Behausung bestand aus einem großen, bemoosten Stein, vorne wuchsen Gräser, dicht an dicht. Witschi hörte, wie die Großmutter in ihrem Bett schnarchte; sie selbst lag mit offenen Augen da. Sie dachte immerzu an Purzel. Er mußte aus dem Nest gefallen sein und lag vielleicht verwundet im Walde. Und wenn ihn die Räuber gefunden hatten?

Nein, sie konnte nicht länger hier liegen bleiben. Leise schlüpfte sie aus ihrem Moosbett, warf ihr Nesselkleid über und schlich auf Zehenspitzen zur Graswand. Sie bog zwei dicke Halme auseinander und streckte den Kopf hinaus. Draußen war alles ruhig und dunkel, nur drüben an der Buchenhecke flimmerten viele winzige Sterne. Das waren Glühwürmchen, die einander in der milden Sommernacht zublinkten. Da freute sich Witschi. Jetzt wußte sie, wer ihr helfen würde, bei Nacht ihren Purzel zu suchen.

Schnell lief sie auf die Lichtung hinaus. Da fielen ihr die

Wächter ein, die Brazzel überall aufgestellt hatte. Ihnen mußte sie aus dem Wege gehen, denn sie hätten ihr nicht erlaubt, allein in den dunklen Wald hinauszugehen.

So schlich Witschi leise, leise auf Zehenspitzen zwischen Gräsern und schlummernden Blumen hindurch, bis sie bei der Buchenhecke anlangte. Nein, war das eine Pracht! Jedes Glühwürmchen leuchtete wie ein bläulich schimmerndes Laternchen, und als Witschi sich auf die Zehen schob, um sie besser begrüßen zu können, da wandten sich alle mit großen runden Augen zu ihr und leuchteten noch einmal so hell. Damit meinten sie:

„Guten Abend, Witschi! Nanu, so spät noch unterwegs?“ Die Glühwürmchen haben ja keine Stimme, aber dafür haben sie die Blinksprache. Und Witschi, als Wichtelkind, verstand sie natürlich.

Sie wisperte: „Liebe Glühwürmchen, ich habe eine große Bitte! Purzel ist verlorengegangen. Bitte, bitte, leuchtet mir durch den Wald, damit ich ihn suchen kann!“

Kaum hatte Witschi ausgesprochen, da glitt ein besonders hell funkelndes Würmchen zu ihr hernieder. Das war Simelill, das schönste Glühwürmchen weit und breit. Es blinkte Witschi freundlich an, dann gab es den anderen Würmchen ein Blinkzeichen.

Sofort begann es, wie ein lautloser, silberner Regen von der Hecke hernieder zu schweben, immer, immer mehr. Witschi stand wie geblendet. Die Glühwürmchen ordneten sich nun zu einem Zuge, und langsam glitten sie dem Walde entgegen. Witschi folgte ihnen. Neben ihr schwebte Simelill.

Als sie die Lichtung verließen und in den finsteren Wald hinein sollten, begann Witschis Herz ängstlich zu klopfen.

Da sah es hoch oben den Himmel mit seinen Sternen. Die leuchteten über den Wipfeln der Bäume die Waldstraße entlang, genau so wie hier unten die Glühwürmchen. Da hatte Witschi keine Angst mehr und schritt getrost in den dunklen Wald hinein.

Das Abenteuer im Walde

Das war eine unruhige Nacht im dunklen Tannenwald! Es wisperte auf dem Waldboden, es piepste in den Erdlöchern, es rauschte in den Zweigen. Die geschwätzige Elster hatte es Knubs, dem Eichhörnchen, erzählt, das Eichhörnchen der Schnecke, die Schnecke dem Laubfrosch, kurz –, ehe die Sonne untergegangen war, wußten es fast alle Waldbewohner, daß der kleine Purzel verschwunden war.

Der kleine Tolpatsch aber, von dem der ganze Wald sprach, saß auf dem Grunde eines tiefen Loches, das sich dicht neben dem Königshügel der Ameisen befand. Das Loch hatte senkrechte Wände, die Ameisen hatten den Wichteljungen dorthin geschleppt und einfach hinuntergestoßen, sosehr er sich auch gewehrt hatte. Es war ein Wunder, daß er sich nichts gebrochen hatte. Doch alle Glieder taten ihm weh.

Da saß der Junge nun und starrte nach oben. Er konnte nur ein winziges Stückchen Himmel sehen. Der Himmel war hell, fast so hell wie am Tage, also mußte wohl Vollmond sein. Purzel rieb sein kleines Hinterteil. Und wieder versuchte er, die steilen Wände hinaufzuklettern; aber, wie bei allen Versuchen vorher, gelang es ihm auch diesmal nicht, emporzuklimmen. Immer wieder rutschte er ab.

Da schob sich plötzlich langsam, langsam etwas Helles über den Rand des Loches. Schon sprang Purzel auf die Beine. Aber was er da sah, war nur ein Stück des großen, blanken, runden Mondes, der langsam am Himmel entlang wanderte.

Jetzt aber fiel ein Schatten über Purzels Loch, es flatterte etwas da oben herum, und einen Augenblick lang erkannte Purzel ein drolliges Mäusetier, mit ausgespannten, eckigen Flügeln. Es sauste so geschwind über dem Loch hin und her, daß Purzel es gar nicht genauer betrachten konnte. Es war Krix, die Fledermaus.

„He, he! Du da oben!" schrie Purzel, „kannst du nicht mal einen Augenblick herkommen und stillhalten? Bitte, komm! Du mußt eine Botschaft für mich ausrichten!"

Krix war schon wieder verschwunden, kam aber gleich wieder angeflitzt. „Ist da unten jemand?" fiepte sie.

„Ja! Ich bin es, Purzel aus Wichtelhausen."

„Und ich bin Krix, aber dich kenne ich nicht. Komm doch herauf, damit ich dich anschauen kann!"

Die Fledermaus sagte die Wahrheit. Sie kannte die meisten Waldbewohner nicht, denn sie kam immer erst nach Einbruch der Dunkelheit aus einem alten Gemäuer hervor. Dort schlief sie den ganzen Tag über.

„Ich kann nicht!" schrie Purzel. „Die großen Schwarzen

halten mich hier unten gefangen. Aber sicherlich sind alle Wichtel schon unterwegs, um nach mir zu suchen. Bitte, Krix, flieg doch im Wald umher, und wenn du die Wichtel siehst, sag ihnen, Purzel sitzt im Loch beim Ameisenberg. Dann kommen sie und holen mich hier heraus."

„Ich fliege", ziepte Krix, „ich fliege sofort los!" Und weg war sie.

Unterdessen wanderte Witschi durch den Wald. Als der Mond aufgegangen war, hatte sie die Glühwürmchen wieder nach Hause geschickt. Es war jetzt fast so hell wie am Tage, da brauchte sie die Glühwürmchen nicht mehr. Nur Simelill hatte Witschi nicht verlassen. Es hatte sich oben auf ihren Kopf gesetzt und leuchtete dort wie ein winziger Stern.

Als Witschi so dahinwanderte, erblickte sie plötzlich zwei große, glühende, kreisrunde Augen, die sie vom Ast einer Riesentanne herab anfunkelten. Es war Luse, die Eule, die dort saß und sich die Flügel putzte, ehe sie auf Mäusejagd flog.

Als Witschi näher kam, fing Luse an, gefährlich mit den Augen zu klappern. Da sprach Witschi schnell den Wichtelspruch, damit Luse ihr kein Leid zufügte:

„Alles, was da läuft und fliegt,
was im Walde hüpft und kriecht,
was da faucht und was da beißt,
tut nichts dem, der Wichtel heißt!"

Da machte die Eule „schuhuu", flog einen Ast tiefer und sagte: „Ich sehe wohl nicht recht? Ein Wichtelkind allein nachts im Walde! Was soll denn das? Schuhuu!"

„Ach, liebe Luse", rief Witschi, „mein Spielkamerad Purzel aus Wichtelhausen ist verschwunden. Ich glaube, die großen, schwarzen Ameisen haben ihn verschleppt. Und nun suche ich ihn!"

Neugierig kam Luse noch einen Ast tiefer. „Muß das denn nachts sein, wo Fuchs und Marder herumschleichen? Wie? Schuhuu!"

„Fuchs und Marder fürchte ich nicht", antwortete Witschi. „Du hast doch den Spruch gehört. Wir Wichtel leben mit allen Tieren in Frieden. Auch mit den großen Schwarzen haben wir uns immer vertragen, bis sie plötzlich den Frieden brachen und Wichtelhausen überfielen."

„Siehst du, siehst du, so kann es gehen", sagte die Eule

und kam noch näher. „Aber mach nicht so ein ängstliches Gesicht, ich tu' dir nichts. Und weil du ein so tapferes Mädchen bist, darfst du dich auf meine Schulter setzen und ein bißchen mitfliegen. Vielleicht findest du deinen Purzel. Warte, ich komme zu dir hinunter. – So. Krieche jetzt an meinem Rücken in die Höhe, ja, halte dich an meinem Ohr fest. Ich fliege jetzt los, schuhuhuu, ich habe Hunger. Die Juninacht ist nur kurz, schuhuu, ich werde meinen Magen nicht halb voll kriegen!"

Lautlos, wie ein riesiger Schatten, flog die Eule mit Witschi davon. War das herrlich! Luse schwebte die Waldschneisen auf und ab. Manchmal erhob sie sich hoch über den Wald. Dann sah Witschi, wie die Wipfel der Bäume unter ihr im Mondlicht schimmerten.

Von Purzel aber war weit und breit nichts zu sehen. Plötzlich schoß Luse jäh zur Erde hinunter. Witschi kullerte auf den Waldboden, denn sie hatte sich nicht richtig festgehalten. Schnell hatte sie sich von ihrem Schreck erholt und stand gleich wieder auf den Beinen. Sie glaubte nicht anders, als daß die Eule Purzel gefunden habe, und rief: „Luse, hast du Purzel gesehen? Wo ist er?"

Aber Luse gab keine Antwort. Mit gesträubten Federn und gespitzten Ohren saß sie da und starrte auf den Erdboden. Die Maus, die sie gesehen hatte, mußte im letzten Augenblick noch entwischt sein.

„Schuhuu!" schrie Luse, daß es widerhallte, „schuhuu, Hunger!", und erhob sich lautlos in die Luft.

„Luse", rief Witschi hinterher, „du hast mich ja vergessen. Nimm mich mit! Ich muß doch Purzel suchen!"

Aber Luse war schon weit weg.

‚Sie hatte sicher großen Hunger", sagte Witschi zu dem

Glühwürmchen. „Ja, Simelill, nun sind wir wieder allein. Wenn ich nur wüßte, wo ich Purzel finde!“

In diesem Augenblick hörte sie es leise piepsen. Sie schaute sich um, es war aber niemand zu sehen. Jetzt piepste es wieder. Da merkte sie, daß das Geräusch aus der Erde kam, und jetzt konnte sie auch die Worte verstehen: „Ist sie weg? Ist die schreckliche Luse weg?“

„Ja“, rief Witschi. Sie hatte ein Mäuseloch dicht neben ihren Füßen entdeckt und rief hinein: „Luse ist weg!“

Sofort erschien ein graues Mäuseköpfchen in der Öffnung des Loches. Es war Seidenschnäuzchen, die Waldmaus. Ängstlich blickten ihre Augen, und es dauerte ein Weilchen, ehe sie sich ganz ins Freie wagte.

„Ich zittere noch am ganzen Leibe“, piepste die Maus, „und ich wäre überhaupt nicht wieder aus meinem Loch herausgekommen, Witschi, wenn ich nicht deine Stimme erkannt hätte. Ich weiß, daß du Purzel suchst. Der Regenwurm hat mir erzählt, daß er verschwunden ist, und ich möchte dir gern helfen, ihn wiederzufinden. Ich trage dich auf meinem Rücken, wohin du willst.“

„Seidenschnäuzchen, das ist wirklich lieb von dir!“ rief Witschi. „Wenn ich nur wüßte, wo Purzel ist!“

Plötzlich huschte die Maus wieder in das Loch, und Witschi dachte schon, Luse käme zurück. Es war aber jemand anders, der die Waldschneise entlang geflattert kam. Krix, die Fledermaus, ließ sich neben Witschi an einem bis auf den Boden hängenden Ast nieder. Sie war sehr aufgeregt, zappelte herum und konnte nicht einen Augenblick stillhalten. „Bist du aus Wichtelhausen?“ fiepte sie. Als Witschi ja sagte, fuhr Krix fort: „Dann mußt du sofort mit mir kommen, zu Purzel.“

„Wo ist er?“ schrie Witschi und sprang vor Freude hoch.

„Er sitzt im Loch neben dem Ameisenberg."

„O weh", Witschi schlug die Hände zusammen, „ist das Loch tief?"

„Ziemlich tief, allein kann er nicht heraus."

„Reicht mein Schwanz vielleicht da hinunter?" Seidenschnäuzchen war wieder aus ihrem Loch hervorgekommen. Sie ringelte ihren Schwanz, auf den sie sehr stolz war, auf der Erde, daß er im Mondlicht wie Seide glänzte.

Krix schüttelte den Kopf und sagte: „Ich glaube, er ist zu kurz."

Da ließ Witschi den Kopf hängen. Wie sollten sie Purzel nur aus dem tiefen Loch herausbekommen?

Plötzlich rief die Maus: „Ich hab's! Sitz auf, Witschi, und du, Krix, fliege vor uns her, und zeig uns den Weg. Aber laß dein Zickzackgeflattere, und fliege ein bißchen ordentlich, damit wir den Weg nicht verfehlen."

Krix gab sich große Mühe, möglichst geradeaus zu fliegen, und so kamen sie bald in die Nähe des Ameisenberges. Witschi kletterte von Seidenschnäuzchens Rücken.

„Paß auf", sirrte Krix über ihnen. Und das war auch nötig, fast wäre Witschi in das Loch gefallen, in dem Purzel saß. Purzel aber hatte Krix oben über dem Loch herumflattern sehen und rief:

„Krix, hast du jemand aus Wichtelhausen gefunden?"

Statt einer Antwort schob sich jetzt ein Gesicht über den Rand des Loches. Purzel traute seinen Augen nicht. Das war ja Witschi! Vor lauter Freude vergaß er die großen Schwarzen und rief laut: „Witschi, Witschi!"

„Pscht", machte Witschi, „denke an die großen Schwarzen. Noch bist du nicht aus dem Loch heraus!"

„Aber wie wollt ihr mich denn hier herausbekommen?" rief Purzel aufgeregt.

„Ganz einfach! Seidenschnäuzchen, die Waldmaus, ist mitgekommen. Sie ist gleich zu ihrer Tante Mummel ins Mauseloch gekrochen. Jetzt graben die beiden einen Gang bis zu dir und ziehen dich durch den Gang hier herauf."

„O Witschi, was für ein Glück, daß du gekommen bist", jubelte Purzel. „Heute früh soll ich vor die Räuberkönigin in den schwarzen Berg geschleppt werden. Wer weiß, was die großen Schwarzen dort mit mir gemacht hätten, und ob ich je wieder herausgekommen wäre!"

„Die anderen Wichtel sind auch alle unterwegs", flüsterte Witschi. „Wenn sie nur hierher kämen! Dann könnten sie uns helfen."

„Ich hab's ja gewußt, ihr laßt mich nicht im Stich!" sagte Purzel und hüpfte von einem Bein auf das andere.

Witschi aber schaute ängstlich zum Himmel hinauf. Der Mond war blaß geworden, und die Morgenröte begann schon, sich am Himmel auszubreiten, so daß Krix, die das Licht nicht mochte, sich schnell verabschiedete und nach Hause flog. Zwar war noch alles still im schwarzen Berg, aber es konnte jeden Augenblick darin anfangen, zu kribbeln und zu krabbeln.

Jetzt hörte Witschi, wie Purzel leise aufschrie. Seidenschnäuzchen und Mummel hatten das letzte Stückchen Erde durchbrochen und steckten ihre Köpfe zu ihm ins Loch.

Nun ging alles so schnell, daß Purzel kaum wußte, wie ihm geschah. Schon lag er flach auf dem Boden, denn der Mäusegang war sehr eng. Purzel hielt sich an Seidenschnäuzchens Schwanz fest und wurde durch das Loch gezogen. Mummel lief voran. Hu, war das dunkel da unten! Erdkrümel fielen Purzel in den Nacken, fast ging ihm die Luft aus, aber er hielt sich mit aller Kraft am Schwanz fest. Es dauerte gar nicht lange, da zog Seidenschnäuzchen ihn ins Freie.

Purzel sprang auf die Füße und schüttelte sich. Er war voll Sand und Erde. Vor ihm stand Witschi. Purzel wußte nicht, wie er ihr und den Mäusen danken sollte.

„Komm, Purzel“, Witschi nahm ihn bei der Hand, „wir müssen hier fort. Siehst du, es wird schon hell. Wir wollen Seidenschnäuzchen und Mummel bitten, uns schnell von hier wegzubringen.“

Ja, aber wo war Mummel? Wo war Seidenschnäuzchen? Die beiden Mäuse hatten nicht einmal Purzels Dank abgewartet, sondern waren sogleich wieder in die Erde geschlüpft.

Tante Mummel hatte Seidenschnäuzchen verraten, daß sie einen besonderen Leckerbissen für sie habe. Gerade wollte Witschi zum Eingang des Mäuseloches laufen, um Seidenschnäuzchen zu rufen, da stieß Purzel einen Schreckensruf aus. Eine große Ameise streckte ihren Kopf oben zum Berg heraus. ‚Nur fort, nur fort‘ war der einzige Gedanke der beiden Wichtelkinder, und beide rannten, was sie nur konnten. Aber es war zu spät, schon hatte die große Schwarze sie erspäht und die anderen Räuber gerufen. Im Nu kribbelte der ganze Berg, und ein wilder Haufen von Räubern war hinter Purzel und Witschi her. Immer näher kamen sie, und Wichtelhausen war noch so weit.

Unterdessen wanderten Brazzel, der Hullevater und die anderen Wichtel traurig durch den Wald. Die ganze Nacht hatten sie Purzel gesucht und ihn nicht gefunden. Einer nach dem anderen machte seine Laterne aus, denn jetzt blinkte die Sonne durch den Wald. Müde vom vergeblichen Suchen bogen die Wichtel in die große Waldschneise ein, um nach Wichtelhausen zurückzukehren.

Als letzter im Zuge ging der Hullevater. Er mochte gar

nicht nach Wichtelhausen zurückkehren. Wie sollte er der Hullemutter in die Augen schauen, wenn er ohne Purzel wiederkam? Er seufzte tief und ließ den Kopf hängen.

Da hörte er hinter sich rufen. Er traute seinen Ohren nicht, das war doch Purzels Stimme? Er drehte sich um – da kamen sie gelaufen, Purzel und Witschi und hinter ihnen, dicht auf ihren Fersen, die Räuber.

„Brazzel, Brazzel, zu Hilfe!" konnte der Hullevater gerade noch rufen, da flog Purzel ihm schon in die Arme.

Der Hullevater schob Purzel und Witschi hinter sich, schon nahte Brazzel mit den Seinen, und im Augenblick bildeten die Wichtel einen Kreis, um die Kinder zu schützen. Drohend hielten sie ihre Stecken den Räubern entgegen.

Die stutzten. Aber nur einen Augenblick, dann stürzten sie erneut vor. Die Wichtel wehrten sich tapfer, aber es kamen immer neue Räuber dazu und drangen auf die Wichtel ein.

Da brauste es in der Luft, eine ganze Schar Vögel, allen voran Ruckediguck, kam über den Wald geflogen. Nun nahmen die Räuber Reißaus, und unter den Wichteln war ein Jubel ohne Ende. Witschi und Purzel umarmten ihre Freunde, und Ruckediguck erzählte ihnen, sie habe die ganze Nacht nicht schlafen können. Gleich beim Morgengrauen sei sie mit den anderen Vögeln auf die Suche nach Purzel gegangen.

Das war ein Gezwitscher und ein Jubilieren auf der Waldschneise! Das war ein Fragen und Erzählen! Die Finkenbraut und der Bräutigam waren auch mitgekommen, und sie beschlossen, schnell nach Wichtelhausen zurückzufliegen, um dort die Hochzeit noch einmal zu feiern.

Witschi und Purzel durften wieder auf Ruckediguck fliegen. Sie kamen als erste auf der Farnwaldlichtung an. Die Hullemutter, die schon aufgestanden war und traurig vor dem Baumstumpf saß, lachte jetzt, wie sie vorher geweint hatte. Immer wieder küßte sie ihren Tolpatsch. Hurzel und Schnurzel, Purzels Brüder, lachten und sprangen um sie herum. Aus allen Erdlöchern kamen die Wichtel und freuten sich, daß Purzel wieder da war.

Als der Nachmittag kam, war die schönste Festtafel bereitet mit den feinsten Speisen. Es gab Erdbeerwein für groß und klein. Alle, die den Wichteln geholfen hatten, waren geladen, nur Luse, die Eule, nicht, denn sie konnte sich mit den anderen Vögeln nicht vertragen. Oben an der Tafel, neben Braut und Bräutigam, saßen Purzel und Witschi. Dann kamen Pünktchen und Goldfellchen, Knubs und Muffel. Sogar Seidenschnäuzchen hatte man herbeigeholt. Krix wurde erst gegen Abend erwartet, da sie ja das Tageslicht nicht vertragen konnte.

Es war ein herrliches Fest, und man war so fröhlich miteinander, daß die Vögel beschlossen, sich nie mehr von ihren Wichtelfreunden zu trennen. Sie wollten alle ihre Nester ganz dicht um die Farnwaldlichtung herum bauen, damit sie ihren Freunden immer beistehen könnten, wenn sie in Gefahr wären.

Als es dunkelte, kamen die Glühwürmchen mit Simelill an der Spitze geflogen und setzten sich auf das feine Spinnenwebtischtuch. Das gab die schönste Festbeleuchtung.

Von diesem Tage an lebten die Wichtel unter dem Schutz der Vögel in Friede und Freude. Und wenn ihr, liebe Kinder, einmal tief im Walde auf eine Lichtung kommt, wo viele Vögel lustig durcheinander zwitschern, wo das Farnkraut sich leise im Winde wiegt, wo die moosgepolsterten Baumstümpfe ihre Häupter aus dem Gras strecken und wo es nach Walderdbeeren duftet, dann spitzt die Ohren, tretet leise auf, und schaut euch um: Dann seid ihr gewiß in Wichtelhausen.